AF599512

La Barbe-Bleue ou l'histoire de Louis XIV

Lara Helou

La Barbe-Bleue ou l'histoire de Louis XIV

Essai

LE LYS BLEU
ÉDITIONS

ISBN : 979-10-422-1397-8

Avertissement

Enfin, c'en est fait, la Brinvilliers est en l'air : son pauvre petit corps a été jeté, après l'exécution, dans un fort grand feu, et les cendres au vent ; de sorte que nous la respirerons, et par la communication des petits esprits, il nous prendra quelque humeur empoisonnante, dont nous serons tous étonnés.

Lettre de Madame de Sévigné
17 juillet 1676, lettre 558

Introduction

Très peu destiné aux jeunes enfants, *La Barbe-Bleue* est l'un des contes les plus terrifiants du recueil.

La Barbe-Bleue aurait pu être confondu avec Gilles de Rais, criminel du Moyen Âge et pourtant la Barbe-Bleue n'est pas Gilles de Rais, car Charles Perrault s'intéresse davantage aux problèmes de son époque.

La Barbe-Bleue aurait pu être alors confondu avec le marquis de Barbezieux propulsé à la place de Perrault par Louvois qui l'a définitivement écarté du pouvoir et qui après Colbert est devenu le ministre de Louis XIV.

Et pourtant la Barbe-Bleue n'est pas le marquis de Barbezieux, car Charles Perrault ne se venge pas de ceux qui l'ont maltraité. Il se retire discrètement de la cour qui l'a trahi, *« je (...) me retirai sans éclat et sans bruit »*.

Charles Perrault, dans *Mémoires de ma vie,* Éditions Macula, Livre quatrième, p.232.

Qui donc est la Barbe-Bleue ?

La Barbe-Bleue est celui qui permet à Charles Perrault de tout dénoncer.

En 1682, le roi paré de richesses a interdit la divulgation des crimes et des infanticides qui se produisaient au milieu de sa cour sans même chercher à les arrêter.

Alors Perrault pour qui reste l'écriture, défenseur de vérité et de justice, dénonce.

Dans le personnage de la Barbe-Bleue, l'auteur parvient à dénoncer l'histoire des messes noires sous Louis XIV, les empoisonnements, les infanticides, les sorcelleries et ses superstitions.

Dans le personnage de la Barbe-Bleue, l'auteur dénonce aussi l'affaire historique et assassine des poisons.

Dans le personnage de la Barbe-Bleue, l'auteur dénonce enfin les actes de Louis XIV, ce Roi-Soleil qui sert davantage son intérêt personnel que celui de sa nation et qui devient lui-même la Barbe-Bleue.

Malgré le caractère merveilleux inspiré dans un style de conte d'autrefois, ce conte est celui qui déplore le plus le monde de la cour, ses faux sorciers, ses assassins impunis et aussi son roi. Dans *Mémoires de ma vie*, Charles Perrault précise, *« il arriva une chose qui m'ouvrit les yeux là-dessus et qui me fit voir quel pays c'est que la cour »*.

Charles Perrault, dans *Mémoires de ma vie,* Éditions Macula, Livre quatrième, p.163.

Le conte de *La Barbe-Bleue* est en finalité pour son auteur le conte réaliste du désenchantement.

I

Le conte de La Barbe-Bleue ou l'histoire des messes noires sous Louis XIV

En 1675, plusieurs rumeurs parvinrent aux oreilles du roi, rumeurs selon lesquelles on célébrait à Paris même au cœur des plus nobles cercles aristocratiques des cultes sataniques nommés « messes noires ».

Le roi chargea Gabriel de La Reynie de découvrir les origines de ces cultes et ses commanditaires.

Il apparut alors que c'étaient des hommes et des femmes se disant sorciers et faiseurs de poisons qui organisaient ces rituels macabres.

Georges Mongrédien dans *Madame de Montespan et l'affaire des Poisons* écrit bien, *« plus d'un lecteur s'étonnera de constater que pendant les années 1660-1680, les plus brillantes du règne, celles des grandes victoires, de grandes fêtes de cour, cette étincelante façade ait pu cacher le spectacle lamentable de ces officines louches où des devineresses (...) pratiquaient (...) la magie, la sorcellerie, l'empoisonnement, les messes noires avec sacrifices d'enfants, où des sorciers doublés d'escrocs se livraient aux pires besognes, d'entremetteurs, de maîtres chanteurs, de faux-monnayeurs, de fabricants de poisons ».*[1]

---

[1] Georges Mongrédien, *Madame de Montespan et l'affaire des Poisons*, Hachette, 1953.

Dans un climat troublé par ces méfaits, Charles Perrault est depuis 1660 le conseiller de Colbert, ministre du roi. Il est par conséquent tenu au courant des pires secrets et complots concernant les empoisonnements à la cour.

Trente-sept ans plus tard, en 1697, alors qu'il est disgracié de la cour de France, il écrit *Les Contes de Ma mère l'Oye.* Colbert est mort, mais le roi vit encore et l'affaire des poisons n'est pas terminée. Dans une écriture silencieuse et très cachée, il enfouit entre les lettres, les secrets les plus horribles que le roi lui-même a interdit de divulguer.

Il enfouit donc dans des mots souterrains les vérités du siècle qu'il a très bien connu pour avoir servi le roi pendant vingt-trois ans.

Désormais exilé de la cour, Charles Perrault n'a plus rien à perdre sauf sa vie, mais il est déjà vieux. Six ans avant sa mort, il décide de ne pas mourir dans le silence éternel. Il dénonce donc. Et même s'il dénonce avec la plus grande précaution pour ne pas provoquer la colère du roi et perdre les quelques temps qui lui reste à vivre, il dévoile dans une écriture qui reste à décrypter, les crimes les plus atroces qui ont eu lieu sous Louis XIV : les empoisonnements, les infanticides et toutes les profanations du culte chrétien lors des messes noires régies par ceux qui se disaient être des sorciers, des magiciens et des empoisonneurs.

Au sein de ces messes noires menées par ces sorciers, ces magiciens et ces empoisonneurs, les participants donnaient leur âme au diable pour trois raisons :

La première est l'argent.
La deuxième est une longue vie prospère pour jouir des richesses de la vie.
La troisième est la sexualité.

Ces trois objectifs sont présents dans le conte de *La Barbe-Bleue* qui n'apparaît pas comme le conte onirique du rêve des fées et de l'amour des princesses, mais comme celui de la terrible réalité du siècle qui révèle toute l'histoire des messes noires qui a eu lieu sous Louis XIV.

La férocité de ces cultes est sous-jacente dans le texte de Charles Perrault à travers le personnage terrifiant de la Barbe-Bleue qui est décrit comme le prototype de tous ceux qui pratiquaient les messes noires.

Sorcier et empoisonneur, la Barbe-Bleue est celui qui fascine par l'appât de l'argent et de la prospérité matérielle.

Assassin et criminel, la Barbe-Bleue est aussi, comme tous les sorciers qui pratiquent les rites sexuels au cours des messes noires, celui qui associe la sexualité à la mort.

Par conséquent, la première étape consiste à déceler dans les mots du texte en quoi la Barbe-Bleue est un sorcier empoisonneur. La seconde étape vise à comprendre comment le personnage manie l'argent et la jouissance de la vie. Enfin, la troisième étape décortiquera l'analogie du criminel qu'est la Barbe-Bleue avec les pratiques réalisées lors des messes noires.

I.1
Sorciers et empoisonneurs

I.1.1
La poudre de Cantharide : « Les mouches bleues »

Au XVIIe siècle, les empoisonnements étaient fréquents et ce procédé criminel était très employé à cette époque.

Plusieurs hauts personnages passèrent pour avoir été empoisonnés, « *Henriette d'Angleterre, décédée subitement en 1670, est l'exemple le plus fameux* ».[2]

Cette floraison de crimes affreux à l'époque la plus brillante du siècle provient de la multiplication des officines spécialisées. Les sorciers abritaient souvent des alchimistes qui par le biais de la pierre philosophale et de la transmutation du mercure en or, « *se livraient clandestinement à des activités coupables, telles que la fabrication de fausses monnaies et de poison* ».[3]

---

[2] Georges Mongrédien, *Madame de Montespan et l'affaire des poisons*, Éditions Hachette, 1953, p.12.

[3] Georges Mongrédien, *Madame de Montespan et l'affaire des poisons*, Éditions Hachette, 1953, p.15.

Ces alchimistes concoctaient alors de mystérieuses distillations de plantes vénéneuses fournissant ainsi aux sorciers et aux devineresses diverses poudres, les unes dénommées « *poudres pour l'amour* » étaient dites comme étant aphrodisiaques, généralement à base de poudres de cantharide, les autres nommées « *poudres de succession* » et qui n'étaient autre que du poison mortel.

En ce qui concerne le conte de *La Barbe-Bleue*, celui-ci s'inscrit pleinement dans cette ambiance des poisons.

À la manière dont il fut décrit par Charles Perrault, le personnage de la Barbe-Bleue apparaît comme un sorcier qui fait appel à ces distillateurs de plantes vénéneuses.

Tel que le souligne le texte, le poison qu'il utilise pour séduire les femmes qu'il finit par égorger est bien le poison végétal nommé « poudre de cantharide », qui à l'époque de Louis XIV passait pour aphrodisiaque et qui constituait la base des « philtres d'amour ».

Ce « philtre d'amour » utilisé par la Barbe-Bleue n'opère pas de manière immédiate sur les femmes qu'il veut séduire. À la première rencontre, l'aspect physique que sa personnalité dégage à cause de la couleur de sa barbe, effraye les femmes car comme le souligne l'auteur, *« mais, par malheur, cet homme avait la barbe bleue : cela le rendait si laid et si terrible, qu'il n'était ni femme ni fille qui ne s'enfuît de devant lui ».*

Mais dans une seconde étape, cette même barbe qui au départ terrorise finit par envoûter les femmes, *« (...) enfin tout alla si bien que la cadette commença à trouver que le maître du logis n'avait plus la barbe si bleue (...) ».*

La question se pose donc au lecteur : comment d'un sentiment de répulsion, la jeune femme a-t-elle pu être si séduite ?

Si Perrault a choisi une barbe à la couleur bleue, c'est parce que le choix de cette couleur n'est pas innocent lorsque l'on apprend que la poudre de cantharide qui a un effet aphrodisiaque est extraite des « mouches bleues ».

La Barbe-Bleue serait donc un sorcier qui s'est doté d'une barbe à la couleur bleue, couleur surnaturelle pour une barbe et qui fait référence aux poudres magiques de l'amour utilisées par les empoisonneurs du XVIIe siècle.

Aussi le personnage de la Barbe-Bleue n'utilise pas des poisons mortels. Il utilise, par le biais de sa barbe, le poison de la séduction amoureuse pour convaincre les femmes à l'épouser.

Cette jeune femme avec sa sœur qui au début le trouvait répugnant et inquiétant, *« ce qui les dégoûtait encore, c'est qu'il avait déjà épousé plusieurs femmes, et qu'on ne savait ce que ces femmes étaient devenues » ;* cette même jeune femme méfiante et soupçonneuse subit une véritable mutation, *« (...) la cadette commença à trouver que le maître du logis (...) était un fort honnête homme »*.

La rapidité avec laquelle la *« cadette »* se décide à se marier montre le pouvoir d'enchantement surnaturel que la Barbe-Bleue a produit sur la jeune fille car, *« dès qu'on fut de retour à la ville, le mariage se conclut »*.

D'un état de total rejet, *« elles n'en voulaient point toutes deux, et se le renvoyaient l'une à l'autre, ne pouvant se résoudre à prendre un homme qui eût la barbe bleue »*, la cadette passe à un état contraire : elle devient subjuguée puisqu'au lieu de voir un homme laid et terrifiant, elle voit désormais devant elle *« un fort honnête homme »* et s'éprend ainsi en très peu de temps de la Barbe-Bleue.

Ce sorcier envoûteur a réussi par le moyen de sa barbe de couleur étrangement bleue à opérer sur la cadette l'effet aphrodisiaque des « mouches bleues ».

I.1 2
L'alchimie

A – L'or et l'argent

L'alchimie était bien omniprésente au XVIIe siècle et son activité principale se résumait à la transmutation du mercure, du cuivre, du zinc en or et en argent.

Ces deux métaux sont omniprésents dans le conte de *La Barbe-Bleue*. Ils sont mentionnés à plusieurs reprises dans le texte. Dès le début de l'histoire, Charles Perrault précise la nature des biens que la Barbe-Bleue possède, *« il était une fois un homme qui avait (...) de la vaisselle d'or et d'argent (...) ».*

L'or et l'argent sont l'une des caractéristiques majeures des biens de la Barbe-Bleue. Les matérialités que ce personnage détient sont pour la plupart du temps faites d'or ou d'argent : si la vaisselle est *« d'or et d'argent »,* les carrosses eux sont *« dorés ».*

Mieux encore, les coffres-forts sont remplis d'or et d'argent, *« (...) voilà celles de mes coffres-forts où est mon or et mon argent »,* dit la Barbe-Bleue à sa femme.

La présence de ces deux métaux absorbe le conte où même les miroirs envoûtent par leur reflet doré et argenté, *« (...) des miroirs (...) dont les bordures (...) d'argent et de vermeil doré, étaient les plus belles et les plus magnifiques qu'on eût jamais vues »*.

L'or et l'argent n'apparaissent pas dans le conte comme de simples métaux. Plus qu'ordinaires, ils sont les œuvres des alchimistes auxquels la Barbe-Bleue comme tout sorcier a sans doute fait appel pour parer le décor de ses maisons.

L'or et l'argent du fait de leur magnificence créent un effet de charme sur les jeunes filles qui visitent la maison de la Barbe-Bleue, *« (...) elles ne pouvaient assez admirer le nombre et la beauté des (...) miroirs où l'on se voyait depuis les pieds jusqu'à la tête (...) »*.

Comme la couleur bleue de sa barbe, les biens de la Barbe-Bleue constitués en majorité d'or et d'argent ensorcellent en quelque sorte les jeunes filles qui les regardent car *« elles ne cessaient d'exagérer et d'envier le bonheur de leur amie (...) »*.

L'exemple le plus important du conte sur la transmutation du métal opéré par les alchimistes est la clef.

B – La clef magique

Deux possibilités sont envisageables : soit la Barbe-Bleue a fait appel à des alchimistes pour fabriquer une clef aussi magique où le sang reste tâché, soit la Barbe-Bleue est lui-même un alchimiste qui transmute le mercure et a ainsi pu produire une clef magique.

Même si ce détail n'est pas précisé dans le texte, ce qui est évident, c'est que l'alchimie existe dans l'univers de ce conte.

Une clef transformée en une clef *« fée »* est un rappel aux opérations établies par les alchimistes à l'époque de Louis XIV sur les métaux précieux. Certes, le texte ne spécifie pas la nature du matériau qui enveloppe la clef. L'auteur n'indique pas si la clef est en argent ou en or ou encore en cuivre.

Le seul détail connu du lecteur est que la clef est magique, *« ayant remarqué que la clef du cabinet était tachée de sang, elle l'essuya deux ou trois fois ; mais le sang ne s'en allait point : elle eut beau la laver, et même la frotter avec du sablon et avec du grès, il demeura toujours du sang, car la clef était fée (...) ».*

L'auteur insiste sur le fait que la jeune fille se sert d'éléments naturels pour laver la clef tels le *« sablon »* ou le *« grès »,* mais qui cependant ne servent à rien. Tout ceci pour démontrer à quel point la clef est surnaturelle.

La Barbe-Bleue qui possède beaucoup d'or et d'argent, métaux principaux des alchimistes détient aussi une clef magique sur laquelle il est seul à maîtriser tout pouvoir puisqu'à chaque fois qu'il la donne à une nouvelle femme, elle n'est pas empreinte de sang ; ce qui suppose que lui seul a réussi à ôter le sang de cette clef et qu'il en est le créateur.

Quant à toutes les femmes à qui il a donné cette même clef, aucune d'elles n'est parvenue à enlever le sang, *« (...) il n'y avait pas moyen de la nettoyer tout à fait : quand on ôtait le sang d'un côté, il revenait de l'autre »*.

La Barbe-Bleue est présentée ainsi par Charles Perrault comme le prototype idéal des sorciers sous Louis XIV. En plus de sa barbe de couleur bleue qui fait référence aux poudres aphrodisiaques, la Barbe-Bleue, alchimiste lui-même ou traitant avec des alchimistes est un sorcier qui exerce aussi ses pouvoirs d'empoisonneurs et de sorcelleries par le moyen du métal et de toutes les magies qui en découlent. La clef tâchée de sang en est la plus grande démonstration.

Par le biais de l'acte sorcier, le personnage de la Barbe-Bleue apparaît comme tous ceux qui régissent les messes noires, car il introduit dans son univers toutes les thématiques qui sont en rapport avec ces cérémonies nocturnes : l'argent associé à la recherche d'une longue vie prospère pour jouir des richesses ainsi que de la sexualité reliée à la mort.

I.2
L'argent et la prospérité

I.2.1
Les richesses matérielles

Dans le conte de *la Barbe-Bleue*, la présence de l'argent et des richesses matérielles est importante. Elle sera reprise de manière constante tout au long du conte.

Dès les premiers mots du texte, Charles Perrault introduit une ambiance de luxe et d'apparat qui prédomineront sur l'intégralité du conte, *« il était une fois un homme qui avait de belles maisons à la ville et à la campagne, de la vaisselle d'or et d'argent, des meubles en broderies et des carrosses tout dorés ».*

Les descriptions faites par Charles Perrault dans le détail insistent sur l'élégance et la beauté luxueuse des acquis de la Barbe-Bleue. Les meubles ne sont pas ordinaires, l'auteur précise qu'ils sont *« en broderies ».* Quant aux carrosses, ils ne sont pas en or, ils sont *« tout dorés ».*

Les richesses matérielles de la Barbe-Bleue sont d'autant plus marquantes parce que leur beauté est hors norme et unique. C'est ainsi que l'auteur décrit les miroirs, *« des miroirs (...) dont les bordures (...) étaient les plus belles et les plus magnifiques qu'on eût jamais vues »*.

La Barbe-Bleue n'a toutefois pas conçu uniquement ses richesses pour amener l'admiration de ses spectatrices. Il va aussi provoquer en elles un autre état relié certes à ses richesses et qui est la jouissance de tous les biens matériels, *« (...) il la priait de se bien divertir pendant son absence ; qu'elle fît venir ses bonnes amies ; qu'elle les menât à la campagne, si elle voulait ; que partout elle fît bonne chère »*.

Cette longue vie prospère qu'on invoque dans les messes noires est bien présente dans le texte et les biens dont dispose la Barbe-Bleue sont là pour le rappeler, *« les voilà aussitôt à parcourir les chambres, les cabinets, les garde-robes, toutes plus belles et plus riches les unes que les autres. Elles montèrent ensuite aux garde-meubles, où elles ne pouvaient assez admirer le nombre et la beauté des tapisseries, des lits, des sofas, des cabinets, des guéridons, des tables et des miroirs (...) »*.

L'énumération abondante des objets splendides que possède la Barbe-Bleue émerveille toutes ces jeunes femmes qui viennent rendre visite à leur amie, *« (...) les chambres, les cabinets, les garde-robes... les garde-meubles... des lits, des sofas, des cabinets, des guéridons, des tables et des miroirs (...) »*.

La quantité prolifique est énoncée par Perrault comme une impression d'infini. Le lecteur a ainsi la sensation que les biens de la Barbe-Bleue sont illimités, *« (...) elles ne pouvaient assez admirer le nombre et la beauté des tapisseries (...) »*.

Cette profusion des biens illimités provoque dans ces jeunes femmes non seulement un état de contemplation, mais aussi la jouissance de la prospérité, *« elles ne cessaient d'exagérer et d'envier le bonheur de leur amie (...) »*.

I.2.2
Le luxe : une perversité

L'immense fortune que cet inquiétant personnage détient ne va pas sans pair avec ses pouvoirs de sorcier. Les luxueux biens de la Barbe-Bleue sont en effet également là pour séduire et envoûter les jeunes femmes qu'il aspire à épouser.

C'est ainsi que Charles Perrault développe cette idée, *« la Barbe-Bleue, pour faire connaissance, les mena, avec leur mère et trois ou quatre de leurs meilleures amies et quelques jeunes gens du voisinage, à une de ses maisons de campagne, où on demeura huit jours entiers »*.

La Barbe-Bleue utilise comme moyen de séduction pour charmer la cadette qui va finir par s'éprendre de lui, l'appât de ses richesses. Il l'invite donc chez lui pour lui tendre le piège des beautés matérielles et inciter chez elle les plaisirs des jouissances terrestres, *« ce n'étaient que promenades, que parties de chasse et de pêche, que danses et festins, que collations : on ne dormait point et on passait toute la nuit à se faire des malices les uns aux autres (...) ».*

L'adverbe *« que »* repris plusieurs fois dans la même phrase montre le caractère exclusif des joies et des plaisirs que la Barbe-Bleue a préparé pour ses invités, *« (...) que promenades, que parties de chasse et de pêche, que collations (...) ».*

Des joies de la conversation vécues dans les *« promenades »*, aux délectations des gourmandises éprouvées dans les *« collations »* en passant par les plaisirs de la *« chasse »*, la Barbe-Bleue met tout en œuvre pour attirer à lui, les deux sœurs et de manière plus ciblée la cadette, car sans doute doit-il avoir une préférence pour les plus jeunes comme tous les verts galants.

En invitant la cadette dans sa demeure et en l'entraînant à vivre pleinement dans la jouissance de tous ses biens, la Barbe-Bleue l'incite par ce biais au désir, *« (...) enfin tout alla si bien que la cadette commença à trouver que le maître du logis n'avait plus la barbe si bleue, et que c'était un fort honnête homme ».*

Ce profit des richesses matérielles, la Barbe-Bleue le cultive comme un piège pour enchanter la jeune femme et l'attirer à son but : l'épouser dans le but de la tuer.

Dès lors, le personnage de la Barbe-Bleue n'apparaît pas seulement comme un sorcier qui détient des richesses infinies.

La Barbe-Bleue est un homme qui pratique la sorcellerie et l'empoisonnement dans le but d'alimenter des messes noires qui ont pour seule finalité les crimes et les pires sacrifices humains.

Après avoir prouvé ses actes de sorcier et ses recherches de prospérité par les richesses matérielles, le personnage de la Barbe-Bleue va accomplir la dernière étape qui démontre sa volonté animée par les messes noires : la sexualité reliée à la mort.

La sexualité est en effet omniprésente dans le conte de *La Barbe-Bleue* mais de manière macabre puisqu'elle est reliée directement à la mort.

I.3
La mort et la sexualité

« Le dernier degré d'ignominie était atteint, dans ce genre de pratiques, avec les messes noires. »[4]

Dans le conte de *La Barbe-Bleue*, Charles Perrault dénonce ces cultes sataniques nommés « messes noires » qu'on célébrait à Paris au cœur des plus nobles cercles aristocratiques.

Au sein même du texte, les mots employés rappellent de manière continue la présence de tous ces rituels. Et même si leur déroulement n'est certes pas évoqué par Perrault de la même manière dont les cultes sataniques se réalisaient lors des messes noires, les différentes images qui sont reprises dans le conte de *La Barbe-Bleue* rappellent les mises en scène de ces cultes.

L'auteur commence par suggérer les lieux où se déroulaient les « messes noires » sous Louis XIV.

---

[4] Georges Mongrédien, *Madame de Montespan et l'affaire des poisons*, Éditions Hachette, 1953, p.16.

I.3.1
Les lieux de culte

Au temps de Louis XIV, les messes noires se célébraient dans les caves ou les masures isolées de la banlieue.

Charles Perrault reprend cette idée pour faire évoluer l'intrigue. Il fait dérouler l'action dans un lieu isolé et souterrain, *« pour cette petite clef-ci, c'est la clef du cabinet au bout de la grande galerie de l'appartement bas (...) ».*

L'auteur situe d'abord le lieu du crime dans un endroit isolé puisque le cabinet se trouve tout *« au bout »* d'une galerie. Il le situe aussi dans un lieu qui rappelle les caves où se déroulaient les messes noires de l'époque ; car Perrault insiste sur la dénomination de cet appartement qu'il appelle *« l'appartement bas »*, expression répétée deux fois dans le texte.

En effet, au début, Perrault écrit, *« (...) c'est la clef du cabinet au bout de la grande galerie de l'appartement bas (...) ».*

Un peu plus loin, l'auteur fait un rappel sur la connotation souterraine du lieu, *« (...) à cause de l'impatience qu'elle avait d'aller ouvrir le cabinet de l'appartement bas ».*

Ce caractère souterrain des lieux où s'organisaient les messes noires est très présent sous Louis XIV puisque les sorciers et les sorcières de l'époque se chargeaient également de faire disparaître les enfants en les enterrant dans des jardins privés.

Le conte de *La Barbe-Bleue* sous-tend les images vers ce sens. La jeune fille ne monte pas pour retrouver le lieu du crime, elle ne marche pas non plus droit devant elle, elle prend une direction vers le bas, comme lorsque l'on va dans une cave ou dans un caveau.

Mieux encore, le texte précise que la jeune fille descend et non pas de n'importe quelle manière ; elle emprunte un escalier comme lorsque l'on descend vers un lieu souterrain, *« (...) elle y descendit par un petit escalier (...) »*.

De la même manière qu'on enterrait les enfants dans des jardins privés, la Barbe-Bleue a caché ses victimes mortes dans un *« appartement bas »*.

De façon claire et insistante, Charles Perrault fait situer les atrocités criminelles de la Barbe-Bleue dans un lieu qui rappellent les caves.

Aussi, les messes noires sous Louis XIV se déroulaient généralement la nuit et le texte rappelle cette couleur nocturne qui dénonce les horribles sacrilèges qui se déroulaient en pleine nuit, *« d'abord elle ne vit rien, parce que les fenêtres étaient fermées »*.

Charles Perrault inscrit ce moment de la découverte du crime dans un éclairage totalement sombre, car la jeune fille n'entrevoit pas légèrement ; l'auteur est catégorique *« elle ne vit rien ».*

L'éclairage du décor n'est pas là sans rappeler l'atmosphère nocturne de ces affreux complots. C'est dans une pièce aux *« fenêtres »* hermétiquement *« fermées »,* sans aucune lumière du jour, que la jeune fille avance dans le lieu du crime où seul règne l'obscurité du noir.

Après avoir suggéré au lecteur les lieux où s'accomplissaient les rites sataniques, Charles Perrault entreprend dans le texte de *La Barbe-Bleue*, l'une des plus grandes dénonciations de l'époque : il décrit avec précision toutes les différentes étapes du rituel macabre qui se déroulait lors des messes noires.

I.3.2
Le rituel macabre

A – La nudité

La première opération lors de la célébration des « messes noires » se déroulait sur l'autel éclairé de bougies de cire noire. Sur cet autel, on étendait la femme en faveur de laquelle le sacrifice était offert.

Toutes, jupes relevées par-dessus la tête, elles apparaissaient nues, *« le prêtre, revêtu d'habits sacerdotaux ornés de pommes de pin, posait le calice sur le ventre nu et disait la messe à l'envers, en profanant une hostie consacrée »*.[5]

Le thème de la femme nue lors de ces rituels est repris par Perrault. Encore une fois, même s'il n'est pas décrit de la même façon qu'une véritable messe noire, l'auteur plonge le lecteur dans cette ambiance d'ignominie propre aux cultes sataniques où *« (...) se miraient les corps de plusieurs femmes mortes et attachées le long des murs »*.

Dans le cas présent, les femmes nues sont déjà mortes. L'auteur n'emploie pas le terme « nu ». Il le sous-entend puisque la jeune fille parvient à reconnaître qu'il s'agit bel et bien de femmes.

---

[5] Georges Mongrédien, *Madame de Montespan et l'affaire des poisons*, Éditions Hachette, 1953, p.16.

Mortes, si elles avaient été vêtues, la forme de leur corps serait moins claire à déceler. Seule leur nudité peut aider la jeune fille à entrevoir que ce sont des femmes, *« (...) les corps de plusieurs femmes ».*

Dans les cultes dédiés au démon, la nudité de la femme n'est pas une nudité qui fait référence aux charmes et aux attraits sensuels. La nudité de la femme lors des messes noires est conçue en relation avec la mort et le crime.

De la même manière, dans *La Barbe-Bleue*, les femmes nues, elles, sont déjà mortes.

Aussi une analogie avec le rituel macabre des messes noires s'installe dans le texte par l'ignominie qui est dénoncée autour de cette nudité puisque l'auteur décrit la manière dont la Barbe-Bleue a dénudé ses victimes : il les a attaché *« le long des murs ».*

La nudité morbide de ces femmes assassinées évoque la nudité de celles pour qui l'on tue des enfants afin d'assouvir les désirs lors des rituels macabres.

B – L'infanticide : l'égorgement

« À L'élévation, une conjuration était lue, demandant au Malin la réalisation des crimes les plus affreux. »[6]

[6] Georges Mongrédien, *Madame de Montespan et l'affaire des poisons*, Éditions Hachette, 1953, p.17.

Au cours de ces messes noires, les sorciers ou sorcières qui pratiquaient l'avortement et l'accouchement clandestin se chargeaient de faire disparaître les enfants en les égorgeant.

Cette deuxième étape du rituel n'est pas épargnée dans le conte de *La Barbe-Bleue.*

Le thème de l'égorgement est présent dans le texte, *« (...) c'était toutes les femmes que la Barbe-Bleue avait épousées, et qu'il avait égorgées l'une après l'autre ».*

L'image de l'égorgement renvoie à la manière dont l'infanticide est pratiqué lors des messes noires.

Ce rappel est d'autant plus évident, car la jeune fille apparaît comme un enfant par rapport à la Barbe-Bleue et le texte précise bien qu'il s'agit de « la cadette ».

Toutes ces femmes que la Barbe-Bleue a épousées se présentent au lecteur comme des enfants innocents si on les compare à l'âge et à la perversité de la Barbe-Bleue.

De la même manière que les sorciers des messes noires accumulent un nombre considérable d'enfants qu'ils égorgent à chaque rituel, Perrault déclare bien que la Barbe-Bleue collectionne les victimes qu'il égorge puisqu'il parle de *« plusieurs femmes mortes ».* Encore plus loin dans le texte, l'auteur insiste sur le nombre de femmes *« (...) qu'il avait égorgées l'une après l'autre ».*

Une fois la deuxième étape du rituel évoquée, Charles Perrault fait allusion à la troisième étape du rituel macabre pratiquée lors de ces messes : après avoir égorgé et sacrifié ces enfants sur le corps de la pratiquante, leur sang est recueilli dans le calice.

Cette troisième étape est également omniprésente dans le conte de *La Barbe-Bleue.*

C – Le sang

Le sang n'est certes pas recueilli dans un calice ; mais répétée à plusieurs reprises, sa présence est lancinante dans le texte, *« après quelques moments, elle commença à voir que le plancher était couvert de sang caillé, et que, dans ce sang, se miraient les corps de plusieurs femmes mortes (...) ».*

Dans cette première description, Perrault va jusqu'à préciser l'aspect visuel du sang qui est *« caillé »*, ce qui suppose que la Barbe-Bleue a égorgé ses victimes depuis un certain temps et que celles-ci ont presque atteint l'état de putréfaction.

En plus de cet aspect visuel, l'auteur procure au sang un caractère non pas biologique, mais macabre, car ce sang représente le miroir de la mort, *« (...) dans ce sang se miraient les corps de plusieurs femmes mortes (...) ».*

Étant donné son aspect *« caillé »*, le sang en miroitant montre le corps des femmes tuées par la Barbe-Bleue.

Devenu le miroir de la mort, ce sang obtenu par l'assassin Barbe-Bleue rappelle celui versé dans le calice lors des sacrifices criminels d'enfants pendant les messes noires.

Cette image du calice dans lequel le sang du nourrisson est recueilli est encore plus marquante dans le conte de *La Barbe-Bleue* lorsque le lecteur apprend qu'il y a du sang sur la clef, car *« ayant remarqué que la clef du cabinet était tachée de sang, elle l'essuya deux ou trois fois ; mais le sang ne s'en allait point : elle eut beau la laver (...) il demeura toujours du sang (...) : quand on ôtait le sang d'un côté, il revenait de l'autre »*.

L'insistance sur l'impossibilité d'enlever le sang montre que le sang sur la clef représente les meurtres commis par la Barbe-Bleue et mis sur le métal, *« pourquoi y a-t-il du sang sur cette clef ? »* insiste encore la Barbe-Bleue.

De la même manière, le sang des enfants tués lors des messes noires est versé dans un métal qui n'est pas la clef certes, mais qui est le calice. Dans les deux cas, cet élément chaud qu'est le sang des sacrifiés est posé sur un élément froid qu'est le métal des assassins.

Par voie de conséquence, le crime du sang devient métallique, c'est-à-dire dur et sec. D'autant plus métallique qu'il est relié à la sexualité.

En effet, en épousant ces multiples femmes, en entreprenant une relation sexuelle avec elles et en les tuant égorgée par le sang, la Barbe-Bleue, établit un rapport entre la sexualité et le sang criminel.

Aussi, les prêtres sataniques de la même époque entretenaient des relations sexuelles avec les femmes après avoir posé sur leur ventre le sang des victimes qu'ils ont égorgées.

De la même manière que dans *La Barbe-Bleue*, un lien était ainsi créé entre la sexualité et le sang criminel, *« (...) parfois la femme au cours de véritables scènes d'orgies, était livrée aux désirs immondes du prêtre, qui officiait nu lui aussi sous ses habits sacerdotaux ».*[7]

Le conte de *La Barbe-Bleue* apparaît comme étant la face cachée de ces profanations horribles vécues au temps de Louis XIV. L'auteur n'a toutefois pas évoqué dans son texte la trace de ces sacrilèges comme un simple trait littéraire.

Homme de multiples actions, Charles Perrault veut dénoncer tous ces crimes qui sont pour certains, comme nous l'apprend l'histoire, demeurés impunis.

---

[7] *Madame de Montespan et l'affaire des Poisons,* Georges Mongrédien, Éditions Hachette, 1953, p.15

I.3.3
Les comportements du crime

« À partir de ce stade des opérations, nous entrons dans les voies diaboliques de la profanation, du sacrilège et du crime. »[8]

A – La Barbe bleue : le démon

Le culte de Satan a toujours eu sa place dans l'histoire. Selon une vieille légende, déjà lors du Commencement, Adam aurait fauté avec une divinité démoniaque.

Aussi, pendant l'antiquité, on pratiquait également des cultes voués à des divinités qui se terminaient en orgies, notamment le culte de Bacchus.

En 1248, un texte des Statua synodalia cénomaniens fait allusion à des messes noires en mentionnant la présence de « sortilèges » où, à partir des sacrements de l'église, il y a immolation aux démons ou invocation de démons.

Au XVIIe siècle, ces rituels se poursuivent et si tant de jeunes enfants étaient sacrifiés, c'est parce que ces cérémonies étaient vouées au démon. En d'autres termes,

---

[8] *Madame de Montespan et l'affaire des Poisons,* Georges Mongrédien, Éditions Hachette, 1953, p.15

les pratiquants de ces messes sordides donnaient leur âme au diable en tuant des nourrissons dans le seul but d'obtenir la prospérité, la longue vie et les plaisirs sexuels qui s'ensuivent.

C'est dans ce sens que Charles Perrault semble avoir dénoncé le personnage de la Barbe-Bleue. Si la Barbe-Bleue tue toutes ces femmes, c'est pour devenir et demeurer riche. Et plus il assassine un grand nombre de jeunes filles, plus il assure sa position d'homme qui cultive la prospérité et la longue vie. C'est pourquoi l'auteur insiste sur la multitude de femmes qui ont été égorgées, *« (...) le corps de plusieurs femmes mortes (...) ».*

Ou encore, *« (...) c'étaient toutes les femmes que la Barbe-Bleue avait épousées, et qu'il avait égorgées l'une après l'autre ».*

La sexualité reliée au crime montre au lecteur l'invocation de la Barbe-Bleue aux démons.

La Barbe-Bleue a donné son âme au diable en devenant le pire criminel pour conquérir non pas les femmes qu'il finit par tuer, mais la richesse terrestre et une très longue vie, car le texte ne précise pas son âge, *« il était une fois un homme (...) ».*

Collectionneur de crimes, la Barbe-Bleue en donnant son âme au diable est devenu lui-même démoniaque.

Tous les comportements qu'il adopte avec les femmes qu'il épouse sont ceux d'un démon.

* *Le démon froid*

Démon, il est d'abord, car comme Satan, sa personnalité est celle d'un être froid et sans aucun sentiment. La première phrase du conte l'exprime ainsi, *« il lui en demanda une en mariage, et lui laissa le choix de celle qu'elle voudrait lui donner ».*

La Barbe-Bleue ne choisit pas par goût ou affection les femmes qu'il épouse. Dénué de tout sentiment à leur égard, il laisse dans le cas présent leur mère décider, *« il (...) lui laissa le choix de celle qu'elle voudrait lui donner ».*

Cette froideur du criminel se confirme lorsque l'auteur le décrit comme un être plus proche du rocher que de l'humain, *« elle aurait attendri un rocher (...) mais la Barbe-Bleue avait le cœur plus dur qu'un rocher ».*

* *Le démon menteur*

Démon, il est aussi, car comme tout démon, il n'agit que par le mensonge.

En effet, la Barbe-Bleue a bel et bien menti lorsqu'il a annoncé à sa femme *« qu'il était obligé de faire un voyage en province, de six semaines au moins, pour une affaire de conséquence (...) »*, car le texte précise plus loin, *« la Barbe-Bleue revint de son voyage dès le soir même, et dit qu'il avait reçu des lettres, dans le chemin, qui lui avaient appris que l'affaire pour laquelle il était parti venait d'être terminée à son avantage ».*

Cette rapidité avec laquelle, la Barbe-Bleue revient de son voyage qu'il a au départ prétexté comme étant très long, prouve la mauvaise foi du personnage et sa volonté de tromper et de fourvoyer la femme par son absence, car dès qu'il revient, *« le lendemain »* même, il lui pose sa question cruciale, *« d'où vient, lui dit-il, que la clef du cabinet n'est point avec les autres ? ».*

Le départ de la Barbe-Bleue se rapproche de celui du diable d'autant plus que le terme « diable » signifie lointain tel que le souligne l'expression « aller au diable ».

La Barbe-Bleue prétexte par conséquent le départ du diable.

* *Le démon tentateur*

Démon, il est encore, car il se comporte avec elles par le moyen de la tentation. Comme Satan tente l'homme, la Barbe-Bleue tente les femmes. Il les tente par le biais de la curiosité à cause de la clef qu'il leur remet, *« pour cette petite clef-ci, c'est la clef du cabinet... ouvrez tout, allez partout ; mais, pour ce petit cabinet, je vous défends d'y entrer, et je vous le défends de telle sorte que s'il vous arrive de l'ouvrir, il n'y a rien que vous ne deviez attendre de ma colère ».*

L'insistance avec laquelle il défend l'utilisation de cette clef montre à quel point la Barbe-Bleue manipule ses femmes dans le but de les pousser à s'en servir, *« (...) je vous défends d'y entrer, et je vous le défends de telle sorte que s'il vous arrive de l'ouvrir, il n'y a rien que vous ne deviez attendre de ma colère ».*

La reprise du groupe de mots *« je vous défends »* suivi de la menace, *« (...) il n'y a rien que vous ne deviez attendre de ma colère »*, permet au lecteur de comprendre comment la Barbe-Bleue tente par la curiosité.

En délivrant volontairement une clef aux femmes qu'il égorge, et en leur interdisant de s'en servir, la Barbe-Bleue adopte l'attitude idéale du démon tentateur.

Ces femmes ne sont pas en effet curieuses d'elles-mêmes. Elles sont manipulées par la Barbe-Bleue qui les tente à l'extrême curiosité, *« elle fut si pressée de sa curiosité, que, sans considérer qu'il était malhonnête de quitter sa compagnie, elle y descendit par un petit escalier dérobé, et avec tant de précipitation qu'elle pensa se rompre le cou deux ou trois fois ».*

Dans les *Moralités,* l'auteur précise, *« la curiosité, malgré tous ses attraits,*

Coûte souvent bien des regrets ;
On en voit, tous les jours, mille exemples paraître.
C'est, n'en déplaise au sexe, un plaisir
bien léger (...) ».

Cette critique adressée à la curiosité féminine n'est pourtant qu'un prétexte, car dans le corps même du texte, Perrault montre davantage une femme qui avance vers le piège tendu par la Barbe-Bleue comme démunie de toute volonté réelle et envoûtée par un sortilège, *« (...) elle prit donc la petite clef, et ouvrit en tremblant la porte du cabinet ».*

En parlant du penchant de la curiosité, Perrault ajoute dans la Moralité, *« dès qu'on le prend, il cesse d'être*
Et toujours il coûte trop cher ».

Cette curiosité qui constitue une menace puisqu'elle *« coûte trop cher »* ne prouve pas pourtant qu'elle a été préméditée par la jeune femme qui n'est pas présentée par Perrault comme une femme maîtresse de ses moyens et de sa curiosité puisqu'elle *« (...) elle pensa se rompre le cou deux ou trois fois ».*

Plus qu'une femme libre, l'épouse de la Barbe-Bleue entre malgré elle dans le sort de la curiosité qui lui a été jeté.

Le comportement de la Barbe-Bleue apparaît ainsi comme un démon tentateur dominant car il délivre volontairement à toutes les femmes qu'il épouse une clef qu'il aurait pu ne pas donner, *« le lendemain, il lui redemanda les clefs ; et elle les lui donna, mais d'une main si tremblante, qu'il devina sans peine tout ce qui s'était passé ».*

Ce jeu de la tentation que la Barbe-Bleue maîtrise sans faille conduit toutes ces femmes de manière presque involontaire à ouvrir la porte interdite, *« (...) leur amie (...) ne se divertissait point à voir toutes ces richesses, à cause de l'impatience qu'elle avait d'aller ouvrir le cabinet de l'appartement bas ».*

Elles ouvrent donc cette porte par le seul acte tentateur que la Barbe-Bleue a exercé sur elles, *« (...) la tentation était si forte qu'elle ne put la surmonter (...) ».*

À ce sentiment de curiosité qu'il fait naître en chaque femme qu'il épouse, la Barbe-Bleue comme tout démon y ajoute celui de l'effroi qu'il veut inspirer, *« étant arrivée à la porte du cabinet, elle s'y arrêta quelque temps, songeant à la défense que son mari lui avait faite, et considérant qu'il pourrait lui arriver malheur d'avoir été désobéissante (...) ».*

Curiosité et effroi sont donc les stratégies criminelles de la Barbe-Bleue dans le seul objectif de faire perdre à ces femmes dominées par la peur, la maîtrise d'elles-mêmes, *« elle pensa mourir de peur, et la clef du cabinet, qu'elle venait de retirer de la serrure, lui tomba de la main »*.

Dans le même sens, Charles Perrault développe l'idée de cette femme terrifiée qui perd toute maîtrise d'elle-même parce qu'elle franchit les règles posées par la Barbe-Bleue et *« après avoir un peu repris ses sens, elle ramassa la clef, referma la porte (...) mais elle n'en pouvait venir à bout, tant elle était émue »*.

Ces femmes deviennent ainsi soumises à la volonté de la Barbe-Bleue non par leur obéissance, car elles désobéissent, mais par le seul fait qu'elles ont succombé au piège qu'il leur a été tendu : la curiosité mêlée à l'effroi, *« je n'en sais rien, répondit la pauvre femme, plus pâle que la mort »*.

En devenant soumises à la volonté de leur mari qui a pour désir de faire succomber toutes ces femmes à la curiosité pour mieux les égorger, la Barbe-Bleue se présente au lecteur comme l'image idéale du démon qui veut tenter par le mal pour mieux se rassasier de sa victime, *« vous n'en savez rien ! reprit la Barbe-Bleue ; je le sais bien, moi. Vous avez voulu entrer dans le cabinet ! Eh bien, madame, vous y entrerez et irez prendre votre place auprès des dames que vous y avez vues »*.

** Le démon profanateur*

Démon, il est enfin, car la remise d'une petite clef prouve sa démarche diabolique.

En effet, outre que la clef est un instrument symbolique qui caractérise aussi bien le pouvoir d'ouvrir ou de fermer, dans les représentations du jugement dernier, une grande clef sert à enfermer le diable pour mille ans dans le puits de l'abîme (*Apocalypse* de saint Jean XX, 1-2), *« alors je vis un ange qui descendit du ciel.*

Il avait à la main la clef de l'abîme et une lourde chaîne.

Il s'empara du dragon, l'antique serpent qui est le diable et Satan, et l'enchaîna pour mille ans ».

En remettant une petite clef impure qui est le contraire de la grande clef de l'ange, la Barbe-Bleue conjure en profanant les écritures saintes et pratique ainsi comme tous ceux qui organisaient les messes noires, un rituel inverse et blasphématoire de celui de l'église.

B – La Barbe-Bleue : le dément

En dénonçant la Barbe-Bleue comme étant un démon, Charles Perrault le dénonce surtout comme un dément, car l'auteur des *« Contes de ma mère l'oye »* ne faisait pas partie de ces auteurs qui croyaient en la sorcellerie de l'époque.

Georges Mongrédien dans son ouvrage précise que *« pour comprendre la psychologie aberrante des clientes des messes noires, il faut se souvenir que la foi religieuse comportait alors souvent une large part de superstition et que la croyance aux sorciers, aux jeteurs de sort, aux talismans, à l'astrologie, aux "noueurs d'aiguillettes" et à la magie sous toutes ses formes était quasi générale ».*[9]

Le message du conte de *La Barbe-Bleue* semble ainsi dire que la superstition est beaucoup trop présente à l'époque de Louis XIV. En effet, dès la naissance du Roi-Soleil, un devin fut appelé pour tirer son horoscope. Le livre de Bodin sur la *Démonomanie des Sorciers* (1588) avait toujours au XVIIe siècle le plus vif succès.

Le transport au Sabbat des sorcières sur des manches à balai y était encore donné comme un fait indiscutable sans oublier le nombre de procès autour de la sorcellerie réalisés à l'époque de Louis XIV qui prouve la forte croyance qu'on avait du diable et de ses maléfices ainsi que de l'action des sorciers.

---

[9] *Madame de Montespan et l'affaire des Poisons*, Georges Mongrédien, Éditions Hachette, 1953, p.17.

Plus loin, dans son analyse, Georges Mongrédien ajoutera, *« seuls, de très rares esprits comme Claude Quillet, Naudé ou Cyrano de Bergerac niaient la sorcellerie, se riaient de toutes ces "diableries". On les considérait comme des fous, à tout le moins comme d'exécrables "libertins", "esprits forts" ou "athées" ».*[10]

Charles Perrault fait partie de ces *« rares esprits »* qui pensent que tous ces comportements ne sont que ceux de la superstition. C'est pourquoi, il prend la position de les dénoncer et il les dénonce en prouvant d'abord à son lecteur que plus qu'un démon, sataniste, la Barbe-Bleue est surtout un dément.

Même si la clef tâchée de sang ainsi que la couleur bleue de la barbe restent un mystère ; mystère que Perrault a sans doute voulu préserver pour conférer au conte son caractère merveilleux, le comportement du personnage ne se rapproche pas moins d'une criminalité pathologique, *« il faut mourir, madame, lui dit-il, et tout à l'heure ».*

Les crimes de la Barbe-Bleue apparaissent de plus en plus comme étant maladifs surtout lorsque l'auteur décrit l'état dans lequel se met la Barbe-Bleue pour se préparer à tuer, *« (...) la Barbe bleue, tenant un grand coutelas à sa main, criait de toute sa force à sa femme (...) ».*

---

[10] *Madame de Montespan et l'affaire des Poisons*, Georges Mongrédien, Éditions Hachette, 1953, p.17.

Les gestes que met en scène Charles Perrault ressemblent à ceux d'un dément.

L'expression théâtralisée *« tenant un grand coutelas à sa main »* démontre la folie du personnage et cette théâtralisation de la démence est reprise par l'auteur un peu plus loin dans le texte, *« puis, la prenant d'une main par les cheveux, et de l'autre, levant le coutelas en l'air, il allait lui abattre la tête ».*

L'image du couteau en l'air fait penser à l'excentricité d'un homme davantage possédé par la folie que par le démon.

Dans ces situations décrites à l'extrême, La Barbe-Bleue apparaît au bout du compte comme un homme en état de délire qui finit par perdre la maîtrise de lui-même par le seul effet de la colère, *« la Barbe-Bleue se mit à crier si fort que toute la maison en trembla ».*

Ce comique de situation marqué comme un trait d'humour dans le texte fait à la fois appel à la manière dont Charles Perrault se rie des sorciers qui invoquent les démons et au déséquilibre comportemental du personnage par sa volonté obsessionnelle de tuer, *« cela ne sert à rien, dit la Barbe-Bleue ; il faut mourir ».*

Charles Perrault n'est pas un criminologiste. Il ne pose pas par conséquent un regard médical et scientifique sur la Barbe-Bleue, mais il veut seulement dénoncer les superstitions de l'époque qui peuvent conduire à ce type de démence.

C – La Barbe bleue : le mal du christianisme

La dénonciation de toutes ces superstitions face à la sorcellerie et ses pratiques rejoint chez Charles Perrault la dénonciation de la barbarie.

C'est en effet à travers le comportement barbare et cruel de la Barbe-Bleue que Perrault dénonce cette chasse aux sorciers, *« la pauvre femme, se tournant vers lui, et le regardant avec des yeux mourants, le pria de lui donner un petit moment pour se recueillir.*

— Non, non, dit-il, recommande-toi bien à Dieu ; et, levant son bras (…) ».

Le contraste entre la posture implorante de la jeune femme et l'insensibilité totale de la Barbe-Bleue décidé à la tuer en la renvoyant à ce « Dieu » auquel il ne croit pas, montre la barbarie du personnage.

* *La fausse prière*

Si Charles Perrault dénonce la manière dont la Barbe-Bleue torture toutes ces femmes, c'est dans le but de prouver au spectateur que la naissance de la superstition provient de la faille des chrétiens de l'époque.

Aussi en adressant une critique aux superstitieux qui conduisent aux sacrilèges, aux meurtres et à la profanation, il montre à quel point les chrétiens de l'époque n'avaient pas de bases solides pour invoquer Dieu. L'exemple le plus évident dans le conte est celui de la jeune fille lorsqu'elle demande à son mari de prier, *« puisqu'il faut mourir, répondit-elle... donnez-moi un peu de temps pour prier Dieu ».*

Or lorsque la jeune fille monte en haut de la tour, elle n'adresse aucune prière, elle appelle seulement sa sœur, *« lorsqu'elle fut seule, elle appela sa sœur (...) ».*

La jeune fille prétexte la prière dans le seul but de faire appel à sa sœur. Elle aurait pu proposer une autre dérobade à son mari pour le fuir. Elle choisit cependant de lui mentir en se servant de la religion comme une stratégie pour sauver sa vie.

Le parallélisme répétitif que Perrault marque entre les deux phrases prononcées par la jeune fille, une fois qu'elle est tout en haut de la tour montre que la jeune femme se sert de la religion non pas pour prier, mais pour appeler sa sœur Anne.

Tout au long du grand paragraphe, à sa sœur, elle crie, *« Anne, ma sœur Anne, ne vois-tu rien venir ? ».*

Et un instant plus tard, à la Barbe-Bleue, lorsqu'il lui ordonne à plusieurs reprises : *« Descends vite ou je monterai là-haut. »,* elle répond systématiquement, *« (...) donnez-moi un peu de temps pour prier Dieu... Encore un moment, s'il vous plaît (...) ».*

Cette situation dure toute une page dans le texte de Charles Perrault, *« et aussitôt elle criait tout bas : Anne, ma sœur Anne, ne vois-tu rien venir ? (...) Descends donc vite, criait la Barbe-Bleue, où je monterai là-haut (...) »*

— Encore un moment, répondait sa femme ; et puis elle criait :

— Anne, ma sœur Anne, ne vois-tu rien venir ? ».

La prière devient ainsi non pas une fin en soi pour pratiquer la religion, mais un moyen utilisé pour assouvir d'autres désirs. Dans le cas précis du conte, la prière est un moyen mensonger dont la jeune fille se sert pour appeler au secours sa sœur Anne.

Le décalage entre la vraie et la fausse prière est encore plus marquant lorsque le lecteur découvre les réponses de la sœur Anne face à la question redondante, *« Anne, ma sœur Anne, ne vois-tu rien venir ? Et la sœur Anne lui répondait : - Je ne vois rien que le soleil qui poudroie, et l'herbe qui verdoie ».*

En crescendo, la sœur Anne reprend plus loin, *« je vois (...) une grosse poussière qui vient de ce côté-ci... »*

« Sont-ce mes frères ? »

« Hélas ! non, ma sœur : c'est un troupeau de moutons... ».

Tout en faisant croire à la Barbe-Bleue qu'elle prie le ciel, la jeune fille adopte un comportement bien éloigné de toute mysticité puisqu'elle entretient avec sa sœur une conversation sur l'attente de ses frères.

Pendant que la Barbe-Bleue en bas de la tour croit que la jeune femme invoque Dieu, la sœur Anne répond : *« hélas ! non ma sœur : c'est un troupeau de moutons... »*.

Le décalage théâtralisé proposé par l'auteur installe un comique de situation pour dénoncer le manque de sérieux des attitudes chrétiennes de l'époque.

* *Une jeune femme chrétienne*

Cette critique adressée par l'auteur des contes, quant à la fourberie des chrétiens, est aussi confirmée par l'exemple du *Tartuffe ou le faux dévot* chez Molière.

Et pourtant le cas de *la Barbe-Bleue* est différent de la pièce de Molière.

Tandis que le personnage du Tartuffe se présente comme un imposteur athée, la jeune femme, elle, ne provient pas d'une famille de non-croyants ; car cette même sœur qu'elle invoque s'appelle Anne. Ce prénom signifie sur le plan étymologique *« la grâce »* et renvoie au prénom de la mère de Marie.

De la même manière, lorsque sa sœur lui annonce que ce sont enfin ses frères qui arrivent, la jeune fille s'exclame : *« Dieu soit loué ! »*.

Et enfin lorsque la Barbe-Bleue meurt, la jeune fille fait preuve de fraternité chrétienne puisqu'elle ne profite pas seule des biens qu'elle hérite de son mari. Bien au contraire, en bonne chrétienne, elle est charitable et décide de partager, *« elle en employa une partie à marier sa sœur Anne avec un jeune gentilhomme (...) ; une autre partie à acheter des charges de capitaines à ses deux frères (...) »*.

Elle-même ne profite pas avidement de la fortune de la Barbe-Bleue puisqu'elle en emploie *« le reste à se marier (...) à un fort honnête homme (...) »*.

La jeune femme n'est donc pas présentée par l'auteur comme un esprit athée et libertin. D'une famille chrétienne, puisque sa sœur porte le nom de la « grâce » et qu'elle-même voit dans le secours de ses frères, l'aide de Dieu, la jeune femme partageuse de ses biens montre seulement une faille face à sa religion dont elle a tendance à se servir pour parvenir à ses fins.

** Charles Perrault : Un auteur chrétien*

Par le biais du comportement mensonger adopté par une jeune femme chrétienne envers la prière, le lecteur comprend que ce sont bien les chrétiens de l'époque que

Charles Perrault veut dénoncer, car ils ne sont pas sincères face à leur position envers la spiritualité. Ils deviennent de ce fait responsables du triomphe de l'athéisme et de la superstition.

En dénonçant tous ces subterfuges et ces faiblesses face au christianisme, Charles Perrault affirme ainsi sa position dans *La Barbe-Bleue,* position qu'il a déjà livrée dans ses *Pensées Chrétiennes, « rien ne prouve davantage la vérité de la religion chrétienne que l'admirable économie de ses mystères qui, par le rapport qu'ils ont ensemble, se soutiennent l'un l'autre. Chaque mystère considéré séparément fait de la peine par son incompréhensibilité. (...) La liaison qu'ils ont ensemble fait qu'on s'y soumet avec facilité ».* *

*Charles Perrault, *Pensées Chrétiennes et pensées morales, physiques, métaphysiques, et autres qui regardent la philosophie*, Bibliothèque Nationale.

Au travers de ces paroles, Charles Perrault nous prouve qu'il est avant tout un fervent chrétien.

C'est en tant que fervent chrétien qu'il déplore à travers le conte de *La Barbe-Bleue*, ce manque de sincérité de l'époque face à la spiritualité et qui est à l'origine des superstitions et des barbaries que l'auteur dénonce, *« les Perrault militent pour une religion épurée de toute superstition, exempte d'exagération, sans que ses mystères soient remis en cause pour autant.*

Débarrassée de ses oripeaux inutiles, la religion chrétienne doit se parer d'un merveilleux à la fois authentique et compatible avec les enseignements de la raison ».[11]

Ce mal du christianisme, Charles Perrault le marque ainsi dans le caractère outrancier d'une jeune fille chrétienne qui invoque sa sœur Anne et dont la posture théâtralisée à l'extrême se décrit par l'auteur, *« la pauvre femme descendit, et alla se jeter à ses pieds tout épleurée et tout échevelée ».*

Comme plusieurs contes chez Charles Perrault, le conte de *La Barbe-Bleue* ne véhicule pas un message unique. En plus d'une dénonciation acerbe prononcée contre les messes noires, le texte montre que le personnage de la Barbe-Bleue de manière plus métaphorique rappelle aussi celui de Louis XIV, le Roi-Soleil.

---

[11] Antoine Picon, Essai, « Un moderne paradoxal », p.10. (Éditions Macula).

II

La Barbe-Bleue ou le Roi-Soleil

Même si certaines critiques ont assimilé le personnage de la Barbe-Bleue à celui de Gilles de Rais, féroce assassin du moyen-âge, il est fort probable que cette analogie ne se soit pas présentée à l'esprit de Perrault.

Homme d'actions politiques et littéraires à la cour du roi, Charles Perrault était beaucoup plus investi par les questions de son époque que par celles du Moyen-âge.

Défenseur des modernes, il prônait pour une littérature qui traitait du roi plutôt que les histoires du passé et même si son recueil de contes s'intitule *« Les Contes de ma mère l'Oye »* avec en premier titre *« Histoires ou contes du temps passé »*, l'auteur l'a tant dépoussiéré et rafraîchi qu'il a fini par lui conférer un sens proche de ses contemporains.

Après avoir longtemps servi la cour et ceci pendant plus de vingt ans, Perrault écrit encore sur son roi. Ce roi qui l'a tant marqué a aussi blessé son esprit pour l'avoir disgracié, lui, qui lui a été si fidèle, *« quand M. Colbert fut mort, on me traita d'une manière assez étrange : on me remboursa ma charge, qui valait bien vingt-cinq mille écus, avec la somme de vingt-deux mille livres ; et on donna à M. Le Brun et à M. Le Nôtre vingt mille (livres) chacun par gratifications pour leurs bons et agréables services provenant du prix de ma charge (...) ».*

Charles Perrault, *Mémoires de ma vie,* Éditions Macula, Livre quatrième, p.232-233.

Si dans *Mémoires de ma vie*, Perrault nous livre la malhonnêteté avec laquelle il a été traité par la cour de France, dans le conte de *La Barbe-Bleue*, il dénonce l'injustice de la royauté représentée par le Roi-Soleil.

Ce roi qu'il continue à servir ne lui montre pas une face juste et indulgente ; car après l'avoir disgracié, il ne le défend pas non plus lorsqu'on l'exclut de la Petite Académie, *« (...) je fus exclu de la Petite Académie, où j'aurai été aise d'être continué ; mais il fallut encore souffrir cette mortification ».*

Charles Perrault, *Mémoires de ma vie,* Éditions Macula, Livre quatrième, p.235.

Ce même roi ne prend toujours pas sa défense lors de la querelle entre les anciens et les modernes alors que précisément il lui dédie un poème intitulé Louis le grand dans lequel il prouve la supériorité du siècle de Louis XIV sur les antiques époques.

Dans *Mémoires de ma vie*, l'auteur le souligne, *« ensuite je composai le petit poème du Siècle de Louis le grand qui reçut beaucoup de louanges (...) ces louanges irritèrent tellement... Je fus fâché qu'on ne crût pas ou du moins qu'on fit semblant de ne pas croire que j'eusse parlé sérieusement (...) ».*

Charles Perrault, *Mémoires de ma vie,* Éditions Macula, Livre quatrième, p.238.

Ce même roi pour qui il a voué tout son combat d'homme moderne, laisse passivement les autres académiciens lui adresser de négatifs propos sans intervenir en sa faveur lors de la querelle déterminante qu'il engage avec les anciens.

Au terme de toutes ces ingratitudes et de ses trahisons, il ne reste plus à Perrault que de laisser parler la plume des contes avec laquelle il dénonce à travers le personnage de la Barbe-Bleue les injustes incohérences de son roi.

II.1
L'affaire des poisons

Si le personnage de la Barbe-Bleue représente Louis XIV, c'est d'abord grâce à l'affaire des poisons que le lecteur peut l'entrevoir dans le texte de Perrault.

Remonter à quelques sources historiques, permet de comprendre le rapport entre l'affaire des Poisons et le conte de *La Barbe-Bleue*.

II.1.1
Les pratiques de Madame de Montespan

Lorsque le roi chargea Gabriel Nicolas de la Reynie, le chef de police, de découvrir les origines de ces cultes, après quatre ans d'arrestations et de tortures, les aveux révélèrent une chose plutôt insolite : plusieurs sources remontent à Madame de Montespan, la maîtresse en titre du roi.

En 1679, lassé de Madame de Montespan, le roi prit une nouvelle maîtresse, Mademoiselle de Fontanges.

La légende veut que lorsqu'elle sut cela, Madame de Montespan essaya désespérément d'empoisonner le roi et sa maîtresse. Aussi décida-t-elle de quérir les services d'une de ses amies, La Voisin, préparatrice de poisons et de drogues.

La Voisin organisa alors trois messes différentes et plus barbares les unes que les autres afin que Madame de Montespan retrouvât l'amour de son roi et dans lesquelles La Voisin pratiquait l'infanticide en tranchant la gorge à des nourrissons et en récoltant leur sang dans le calice.

On raconte aussi que durant le culte de la troisième messe, le sang du nourrisson ne coulait pas, car il était né prématurément, et Guibourg, l'un des plus grands organisateurs des messes noires de l'époque, avait dû transpercer le cœur du nourrisson pour recueillir un peu de son sang.

Madame de Montespan en rapporta un petit peu pour en mettre dans la nourriture du roi.

II.1.2
L'étouffement de l'affaire

Lorsqu'il apprit ces évènements, le roi fut très embarrassé et décida de ne point disgracier publiquement Madame de Montespan. Il étouffa donc l'affaire. Pendant dix ans, elle resta sa maîtresse, mais il ne la voyait qu'une heure par jour.

Louis XIV a tenu personnellement à ce que l'affaire, qui le touchait, ne s'ébruitât pas, de telle sorte qu'il ne reste à ce jour que les notes de La Reynie, lieutenant chargé de cette enquête.

Lors des révélations des inculpés portant sur des personnes de qualité, il fut créé un tribunal spécial : la « Chambre ardente ».

La chambre ardente jugea plus de trois cents personnes et prononça contre des comparses secondaires trente-six condamnations à mort, dont plusieurs aux galères. La chambre ardente fut dissoute en 1682 par ordre de Louis XIV, sans que n'aient été jugés les accusateurs de Madame Montespan, qui furent enfermés seulement dans les forteresses royales. En effet, « *Louis XIV, de sa propre autorité, suspendit le cours de la justice et, quelques jours plus tard, l'instruction poursuivie par La Reynie sur les messes noires de Guibourg* ».[12]

Plus loin l'historien précise, *« le roi se refusait à donner à la Chambre et au public le spectacle humiliant de sa maîtresse interrogée sur la sellette. Elle était définitivement mise hors de cause par un acte de souveraineté royale »*.[13]

---

[12] *Madame de Montespan et l'affaire des Poisons*, Georges Mongrédien, Éditions Hachette, 1953, p.183.

[13] *Madame de Montespan et l'affaire des Poisons*, Georges Mongrédien, Éditions Hachette, 1953, p.199.

Comme l'a soulevé Georges Mongrédien, l'arrêt précisait contre toute vérité, que *« les faits extraits (...) ne touchent les procès qui doivent être jugés à la Chambre de l'Arsenal »*.

C'est pourquoi l'analyste explique, *« mais ce que l'arrêt ne précisait pas, c'est que la mesure prise entraînait l'impossibilité matérielle de juger les plus grands coupables : Lesage, Guibourg, la Chapelain, la fille Voisin, car leur propre procès eut remis en lumière les "faits particuliers" désormais "extraits", qu'on voulait enfouir dans un oubli total »*.[14]

II.1.3
Les indices de l'affaire dans le conte

Dans le conte de *La Barbe-Bleue*, deux indices majeurs font référence à l'affaire des poisons.

Le premier indice est un jeu de mots avec l'expression *« Une de ses voisines »* qui fait penser à La Voisin.

Ces deux termes sont analogues aussi bien par leur rapprochement phonétique que sémantique, car comme La Voisin a sacrifié des enfants lors des rituels, la voisine de la Barbe-Bleue sacrifie pour la fortune sa propre fille puisqu'elle la marie à un homme suspicieux qui avait

---

[14] *Madame de Montespan et l'affaire des Poisons*, Georges Mongrédien, Éditions Hachette, 1953, p.199.

« déjà épousé plusieurs femmes, et qu'on ne savait ce que ces femmes étaient devenues ».

En la livrant à un inconnu, cette voisine *« dame de qualité »,* sacrifie la vie de sa fille et comme La Voisin, elle représente dans le conte celle qui offre en sacrifice.

Ces deux femmes sont d'autant plus semblables que La Voisin exerce les célébrations dans le seul but de se procurer de l'argent. De la même manière, la voisine sacrifie sa fille pour gagner la richesse de la Barbe-Bleue.

Le second indice qui est relié à l'affaire des poisons se manifeste dans le comportement de la Barbe-Bleue qui cache ses crimes dans l'appartement bas.

De manière métaphorique, comme le roi étouffe les crimes de Madame de Montespan et de tous les suspects qui l'entourent en suspendant l'affaire des poisons, la Barbe-Bleue enfouit les femmes qu'il a tuées dans un cabinet discret.

Si le secret de la Barbe-Bleue est d'engloutir ses propres crimes, le secret du roi réside dans l'acte de liquider l'affaire criminelle des poisons.

Dans les deux cas, le lecteur apprend que ces deux figures masculines ont pour point commun de voiler les assassinats.

En ce qui concerne le secret analogique de ces deux personnalités, Perrault y verra un sens visionnaire, car au moment où le roi liquide l'affaire en 1709, l'auteur de *La Barbe-Bleue* est mort et pourtant il a déjà dénoncé le secret des crimes enfoui par le roi.

Le 13 juillet 1709, six ans après la mort de Charles Perrault, un arrêt du conseil du roi ordonne de faire brûler les vingt-neuf gros paquets de divers registres, procès-verbaux et rapports de police qui confiés à un valet, les jette au feu.

Après avoir relu les pièces une à une de tout le dossier de l'« Affaire des Poisons » contenu dans un coffre scellé que seul Louis XIV détient depuis 1682, le roi français décide que cette affaire reste dans un « éternel oubli ».

Cet « éternel oubli » marqué par Louis XIV fut pourtant un grand échec grâce d'abord aux notes personnelles de La Reynie qui ont survécu à la destruction des pièces originales et qui prouvent les actes meurtriers dans l'affaire des Poisons.

En plus de toutes ces preuves matérielles et policières, cet « éternel oubli » voulu par Louis XIV sera aussi un grand échec grâce à la manière secrète dont Charles Perrault a traité l'histoire du Roi-Soleil dans l'histoire de la Barbe-Bleue.

Visionnaire et défenseur de vérité, Charles Perrault dévoile dans *La Barbe-Bleue* son ultime intention : celle de pérenniser à tout jamais l'histoire des crimes brûlée par le roi de France.

En défiant l'« éternel oubli », l'auteur des contes propulsera ainsi dans *La Barbe-Bleue*, par une écriture d'outre-tombe, l'éternelle mémoire qui revient comme une ombre sur la mémoire du roi.

II.2
L'absolutisme royal

En plus du comportement criminel similaire aux deux caractères, la Barbe-Bleue se rapproche aussi du Roi-Soleil par son attitude qui affirme l'absolutisme royal de Louis XIV.

Cet absolutisme royal est développé dans le conte sous deux aspects : le goût de la Barbe-Bleue prononcé pour le luxe ainsi que l'autorité du personnage à la fois inquiétante et fascinante. Ces deux descriptifs évoqués par Perrault rappellent la politique avec laquelle Louis XIV entretient son royaume.

II.2.1
Somptuosité de Louis XIV avec la Barbe-Bleue

« Il était une fois un homme qui avait de belles maisons à la ville et à la campagne, de la vaisselle d'or et d'argent, des meubles en broderies, et des carrosses tout dorés. »

A – Une demeure digne d'un roi

Dès son commencement, le conte de *La Barbe-Bleue* pose sur le texte la présence somptueuse du Château de Versailles tant recherchée par le roi, car un grand roi doit avant tout manifester sa grandeur par la majesté de sa demeure.

L'œuvre politique de Louis XIV s'inscrit en effet dès l'origine dans la pierre et ce rêve de pierre, il le marquera par l'édification du Château de Versailles dont la présence est sous-jacente dans *La Barbe-Bleue.*

C'est ainsi que Charles Perrault présente les scènes, *« les voilà aussitôt à parcourir les chambres, les cabinets, les garde-robes, toutes plus belles et plus riches les unes que les autres. Elles montèrent ensuite aux garde-meubles, où elles ne pouvaient assez admirer le nombre et la beauté des tapisseries, des lits, des sofas, des cabinets, des guéridons, des tables (...) ».*

La profusion des pièces décrite à travers l'énumération des cabinets, des chambres, des garde-meubles fait allusion à l'univers de Versailles installé par Louis XIV.

Comme l'a dit Colbert, *« rien ne marque davantage la grandeur et l'esprit des princes que les bâtiments ; et toute la postérité les mesure à l'aune de ces superbes maisons qu'ils ont élevées pendant leur vie ».*

Citation reprise par Charles Perrault, *Mémoires de ma vie,* Éditions Macula.

Dans le but d'affirmer son absolutisme, la Barbe-Bleue comme le Roi-Soleil cultivent la beauté des lieux et des objets, *« voilà, dit-il, les clefs des deux grands garde-meubles ; voilà celles de la vaisselle d'or et d'argent, qui ne sert pas tous les jours ; voilà celles de mes coffres-forts où est mon or et mon argent ; celles des cassettes où sont mes pierreries (...) ».*

Plus qu'une fonction utilitaire, les coffres-forts cités par la Barbe-Bleue servent davantage à faire prospérer un esprit royal de splendeur et de profusion tel que l'exprime le groupe de mots, *« (...) la vaisselle d'or et d'argent, qui ne sert pas tous les jours (...) ».*

Cette recherche de la splendeur n'est autre que celle du roi Louis XIV qui pendant tout son règne était le propre architecte et le maître d'œuvre de ces *« superbes maisons »* dont parle Colbert.

B – La galerie des glaces

La magnificence imposée par Louis XIV se manifeste aussi par la galerie des glaces. Celle-ci est également suggérée dans le conte de *La Barbe-Bleue*, *« (...) le nombre et la beauté... des miroirs où l'on se voyait depuis les pieds jusqu'à la tête, et dont les bordures, les unes de glace, les autres d'argent et de vermeil doré, étaient les plus belles et les plus magnifiques qu'on eût jamais vues ».*

La galerie des glaces ou grande galerie du palais de Versailles est une galerie de grand apparat destinée à éblouir les visiteurs du monarque absolu Louis XIV au faîte de son pouvoir et le texte est là pour le rappeler au lecteur, *« (...) les bordures (...) étaient les plus belles et les plus magnifiques qu'on eût jamais vues ».*

Les richesses matérielles de la Barbe-Bleue rappellent bien celles du roi, car si elles sont *« les plus belles et les plus magnifiques qu'on eût jamais vues »,* nul autre que le roi lui-même ne peut détenir des objets si somptueux.

Éclairée par dix-sept fenêtres, la galerie des glaces est revêtue de trois cent cinquante-sept miroirs et ce nombre impressionnant est sous-entendu dans le conte, *« (...) elles ne pouvaient assez admirer le nombre... des miroirs (...) ».*

En un temps où le plus petit miroir coûte très cher, les ouvriers français parviennent à fabriquer pour le roi des miroirs d'une dimension exceptionnelle.

Étant donné les dimensions exceptionnelles de ces miroirs, la galerie est un véritable évènement sous Louis XIV qui est assimilé au personnage de la Barbe-Bleue, car comme le roi, la Barbe-Bleue possède lui aussi des miroirs de tailles immenses *« où l'on se voyait depuis les pieds jusqu'à la tête (...) ».*

Et si les glaces furent faites dans une fabrique de verre et de glace, Charles Perrault insiste sur ce détail dans le conte où il est écrit : *« (...) dont les bordures, les unes de glace (...) ».*

Les dix-sept fenêtres du château de Versailles sont cintrées et donnent naissance à autant d'arcades ornées de miroirs tenus par des baguettes de bronze ciselé. Ce détail, l'auteur ne l'omet pas non plus dans le conte où il fait référence à la présence de miroirs entourés de bronze, *« (...) des miroirs... dont les bordures... d'argent et de vermeil doré (...) ».*

Il apparaît ainsi au fil du texte, une forte analogie entre les possessions resplendissantes de la Barbe-Bleue et celles de Louis XIV qui se présentent tous deux aux yeux du lecteur comme étant une seule et même personne.

Cette fusion des deux personnalités s'affirme encore à travers les fêtes de Versailles organisées par le roi et bien présentes dans le conte de *La Barbe-Bleue.*

C – Les fêtes de Versailles

La magnificence et la splendeur se manifestent aussi dans le château de Versailles, car ce lieu est transformé par Louis XIV comme un lieu de mise en scène royale qui forme le cadre de divertissements fastueux.

En 1664, Louis XIV inaugure à Versailles la première d'une longue série de « plaisirs ». Il en souligne clairement l'intention politique dans ses *Mémoires pour l'Instruction du Dauphin*, *« cette société de plaisirs, qui donne aux personnes de la Cour une honnête familiarité avec nous, les touche et les charme (...) ; et à l'égard des étrangers (...) ce qui se consume en ces dépenses qui peuvent passer pour superflues fait sur eux une impression très avantageuse de magnificence, de puissance, de richesse et de grandeur »*.

C'est dans ce registre que Charles Perrault fait dire à la Barbe-Bleue qu'*« (...) il la priait de se bien divertir pendant son absence ; qu'elle fit venir ses bonnes amies ; qu'elle les menât à la campagne (...) que partout elle fît bonne chère »*.

Comme Louis XIV assied sa puissance dans les *« plaisirs »* de la *« magnificence »*, la Barbe-Bleue affirme son autorité dans l'exhortation à *« se bien divertir »* en faisant *« bonne chère »*.

Comme Louis XIV donne à Versailles sa première grande fête nommée *Les Plaisirs de l'Île enchantée* qui dure une semaine, du 7 au 13 mai 1664, la Barbe-Bleue organise dans ses maisons de campagne des divertissements qui durent huit jours, *« la Barbe-Bleue*

(...) les mena (...) à une de ses maisons de campagne, où on demeura huit jours entiers. Ce n'étaient que promenades, que parties de chasse et de pêche, que danses et festins, que collations : on ne dormait point et on passait toute la nuit à se faire des malices les uns aux autres (...) ».

Comme Louis XIV qui pendant une semaine, lors de la fête des *Plaisirs de l'Île enchantée*, offre à la cour une succession de divertissements (carrousel, course de bague, ballet, courses de têtes, collations, promenades…), la Barbe-Bleue ne fait vivre durant huit jours à ses invités *« que promenades, que parties de chasse et de pêche, que danses et festins, que collations (...) ».*

En 1674, Louis XIV donne encore une autre fête du nom de *Divertissements de Versailles* qui a lieu en partie dans la grotte de Thétis construite par Claude Perrault, le frère de Charles Perrault.

Le duc d'Enghien qui y fut reçu le 26 juin 1665 s'en souvenait encore à la fin de sa vie, *« on se promena quasi toute la nuit avec des violons, et les promenades finirent par une grotte où le roi mena les dames et où elles furent fort mouillées (...) ».*

Cette phrase prononcée par le duc d'Enghien n'est pas sans analogie avec le texte de Perrault, *« ce n'étaient que (...) danses et festins (...) on ne dormait point et on passait toute la nuit à se faire des malices les uns aux autres (...) ».*

Charles Perrault, l'auteur de *La Barbe-Bleue* fait aussi allusion à ces plaisirs qui ont eu lieu dans la grotte de Thétis construite par son frère architecte, Claude Perrault.

Indéniablement, le personnage de la Barbe-Bleue apparaît de plus en plus comme étant la face cachée de Louis XIV.

II.2.2
La Barbe-Bleue et le Roi-Soleil : une autorité fascinante

« Vous êtes tous mes amis et ceux de mon royaume que j'affectionne le plus et en qui j'ai le plus de confiance. Je suis jeune et les femmes ont ordinairement bien du pouvoir sur ceux de mon âge. Je vous ordonne à tous que, si vous remarquez qu'une femme, quelle qu'elle puisse être prenne empire sur moi et me gouverne le moins du monde, vous ayez à m'en avertir. Je ne veux que vingt-quatre heures pour m'en débarrasser (...) ».

Paroles de Louis XIV, recueillies par Charles Perrault, dans *Mémoires de ma vie,* Éditions Macula, Livre quatrième, p.133.

L'absolutisme de Louis XIV est fidèlement retracé par Perrault dans le personnage de la Barbe-Bleue dont les traits de caractère rappellent ceux du roi.

Aussi la nature royale de Louis XIV sous-jacente dans *La Barbe-Bleue* se décline en trois principaux traits : l'infaillibilité, la dissimulation et le despotisme.

A – L'infaillibilité

« Vous pouvez, Messieurs, juger de l'estime que je fais de vous, puisque je vous confie la chose du monde qui m'est la plus précieuse, qui est ma gloire. »

Paroles de Louis XIV, recueillies par Charles Perrault dans *Mémoires de ma vie,* Éditions Macula, Livre quatrième, p.134.

L'infaillibilité de Louis XIV se manifeste d'abord dans la recherche de sa propre gloire, la *« chose du monde »* qui lui est *« la plus précieuse »*.

Cette recherche de la gloire est présente par la prestance matérielle et l'orgueil avec lesquels la Barbe-Bleue emploie des expressions emphatiques, *« voilà, dit-il, les clefs des deux grands garde-meubles ; voilà celles de la vaisselle (...), voilà celles de mes coffres-forts (...) celles des cassettes (...) et voilà le passe-partout (...) »*.

La recherche de gloire est le début de l'infaillibilité pour Louis XIV. Elle est décrite par le conseiller d'État de Richelieu nommé le Bret dans son traité *De la Souveraineté du Roi* (1632) au sujet de la « pleine puissance » du monarque, *« (...) suprême et perpétuelle puissance déférée à un seul qui lui donne le droit de commander absolument ».*

C'est seule la raison qui guide Louis XIV. Tous ses actes prônent l'infaillibilité, *« ce ne sont pas les bons conseils, ni les bons conseillers qui donnent la prudence au prince, c'est la prudence du prince qui seule forme de bons ministres (...) ».*[15]

À son petit-fils le duc d'Anjou, il dit, *« ne vous laissez pas gouverner ; soyez le maître, n'ayez jamais de favoris ni de Premier ministre ; écoutez, consultez votre Conseil, mais décidez (...) ».*[16]

Cet art de commander propre à Louis XIV, Charles Perrault le montre à travers le comportement dominateur de la Barbe-Bleue. L'auteur fait employer à son personnage une série de verbes à l'impératif qui font référence au caractère autoritaire de Louis XIV, *« ouvrez », « allez », « ne manquez pas », « descends vite ».*

Les ordres prononcés par la Barbe-Bleue soutiennent la défense autoritaire qu'il fait à sa femme et qui souligne l'art de gouverner de Louis XIV, *« (...) pour ce petit cabinet, je vous défends d'y entrer (...) ».*

---

[15] Compilation de Claire de Duras - *Pensées de Louis XIV* - Imprimerie de Firmin Didot, 1827-Extraites de ses ouvrages et ses lettres manuscrites.
[16] LOUIS XIV - Lettre écrite en 1714 - *Collection des mémoires relatifs à l'histoire de France* (1828).

L'expression *« je vous défends d'y entrer »* dans ce *« petit cabinet »* qui appartient seul à la Barbe-Bleue ne va pas sans rappeler la pensée de Louis XIV, quant à son infaillibilité, *« vous devez donc être persuadé que les rois sont seigneurs absolus, et ont naturellement la disposition pleine et libre de tous les biens (...) ».*[17]

Cette autorité absolue posée par Louis XIV qui fait soumettre tous les sujets à sa seule volonté est inscrite dans le personnage de la Barbe-Bleue qui comme le roi lorsqu'il ordonne obtient la réponse suivante, *« elle promit d'observer exactement tout ce qui lui venait d'être ordonné (...) ».*

Comme le roi *« est l'homme seul qui absorbe la substance nationale »*[18], la Barbe-Bleue est l'absolu *« maître du logis ».*

Comme le roi conseille à son petit-fils : *« Ne vous laissez pas gouverner ; soyez le maître »*, la Barbe-Bleue gouverne les plaisirs de son épouse puisqu'*« il la priait de se bien divertir pendant son absence »* ne lui laissant ainsi aucun autre choix que celui-ci.

Si la Barbe-Bleue gouverne dans l'infaillibilité et la maîtrise totale, c'est parce qu'il possède comme le roi un *« petit cabinet »* qui lui sert de lieu de préméditation et d'exécution, *« pour cette petite clef-ci, c'est la clef du*

---

[17] Hubert Méthivier, *Le siècle de Louis XIV*, PUF, 1998, p.31
[18] Hubert Méthivier, *Le siècle de Louis XIV*, PUF, 1998, p.31

cabinet (...) pour ce petit cabinet, je vous défends d'y entrer (...) ».

Comme la Barbe-Bleue, le roi lui aussi prémédite et exécute seul dans le petit cabinet les projets qui lui sont soumis, *« Colbert (...) les présenta tous deux au roi pour choisir celui qui lui agréerait le plus. J'étais présent lorsque ces deux desseins furent présentés. C'était dans le petit cabinet du Roi ».*

Charles Perrault, dans *Mémoires de ma vie,* Éditions Macula, Livre quatrième, p.184.

Le petit cabinet est ainsi pour Louis XIV comme pour la Barbe-Bleue, le lieu de la préméditation et de la réalisation des projets. Il matérialise de manière commune l'infaillibilité.

En plus de la préméditation, la volonté d'une *« liberté bien absolue »*[19] , affermit aussi l'infaillibilité du roi.

Ce refus de la part du roi de se laisser dominer par quiconque est visible dans le comportement de la Barbe-Bleue.

Car si le roi révèle à son petit-fils, *« n'ayez d'attachement pour personne »*[20], la Barbe-Bleue qui demande en mariage à sa voisine l'une des *« deux filles*

---

[19] Hubert Méthivier, *Le siècle de Louis XIV*, PUF, 1998.

[20] Louis XIV, Mémoires pour l'instruction du Dauphin *Littérature, textes et Documents*, XVIIe siècle, collection Mitterand, Nathan, hors texte p. XXVI.

parfaitement belles », « lui laissa le choix de celle qu'elle voudrait lui donner ».

Ce qui suppose que la Barbe-Bleue n'a pas développé de penchant pour l'une des deux sœurs et que son sentiment reste froidement maîtrisé.

Le manque *« d'attachement »* prôné par le monarque explique les accumulations de maîtresses de la part du roi irrésistible qui s'élève au-dessus des lois divines et humaines au point d'afficher un double adultère.

En finalité, cette Barbe-Bleue qui accumule lui aussi un grand nombre de femmes dans le *« petit cabinet » « au bout de la grande galerie de l'appartement bas »* fait penser à ce souverain qui s'est affiché pendant des années avec Mlle de La Vallière, puis avec Madame de Montespan, à multiplier les passades avec Madame de Soubise, madame de Ludres ou Mlle de Fontanges sans oublier son second mariage secret avec Madame de Maintenon.

B – La dissimulation

De la même manière que l'infaillibilité, la dissimulation du roi est dénoncée dans *La Barbe-Bleue*.

Nul n'oublie cet épisode de 1652 où en pleine messe en décembre, le roi ébaubit tout le monde en préparant secrètement l'arrestation de Retz, puis répéta le même coup de surprise contre Fouquet en 1661.

Comme le roi, la Barbe-Bleue piège aussi par ruse et dissimulation, *« (...) la Barbe-Bleue dit à sa femme qu'il était obligé de faire un voyage en province, de six semaines au moins, pour une affaire de conséquence (...) »*.

La Barbe-Bleue prétexte une absence pour piéger sa femme et la phrase qui suit démontre la feinte du personnage qui en finalité revient quelques heures après, *« la Barbe-Bleue revint de son voyage dès le soir même, et dit qu'il avait reçu des lettres, dans le chemin, qui lui avaient appris que l'affaire pour laquelle il était parti venait d'être terminée à son avantage »*.

Ce mensonge fait référence aux feintes employées par Louis XIV pour mieux gouverner.

C'est Hubert Méthivier qui décrit la dissimulation avec laquelle le monarque trônait, *« (...) son art de composer son visage, de doser ses gestes et ses saluts (...) ».*[21]

Cet art de *« doser ses gestes et ses saluts »*, Perrault l'évoque dans la manière mesurée et brève dont la Barbe-Bleue salue sa femme lors de son faux départ, *« (...) et*

---

[21] Hubert Méthivier, *Le siècle de Louis XIV*, PUF, 1998, page 30.

lui, après l'avoir embrassée, il monte dans son carrosse, et part pour son voyage ».

Le manque d'effusion de la Barbe-Bleue rappelle la façon dont le roi maîtrisait et dosait son comportement.

La dissimulation de Louis XIV perçue dans le personnage de la Barbe-Bleue apparaît aussi dans le texte lorsque l'auteur écrit, *« (...) elle les lui donna, mais d'une main si tremblante, qu'il devina sans peine tout ce qui s'était passé ».*

Si la Barbe-Bleue a deviné *« sans peine tout ce qui s'était passé »*, il n'a plus besoin de poser de question concernant cette clef.

Or il pose à sa femme la question fatale, *« d'où vient, lui dit-il, que la clef du cabinet n'est point avec les autres ? ».*

Cette interrogation est une dissimulation puisque la Barbe-Bleue a déjà tout deviné. Elle est d'autant plus fausse qu'elle est redoublée par une autre fausse interrogation, *« pourquoi y a-t-il du sang sur cette clef ? ».*

De la même manière, la Barbe-Bleue n'a aucune raison de poser une telle question. Ayant compris *« sans peine tout ce qui s'était passé »,* cette seconde interrogation est encore une ruse destinée seulement à piéger la femme, ruse dont se servait aussi Louis XIV pour piéger ses adversaires.

Quant à l'art *« de composer son visage »* dont parle Hubert Méthivier lors de sa description de Louis XIV, Charles Perrault le retrace fidèlement dans la mimique qu'il fait adopter à son personnage, *« la Barbe-Bleue, l'ayant considérée, dit à sa femme : pourquoi y a-t-il du sang sur cette clef ? »*.

Le personnage n'a aucune raison de *« considérer »* la clef, car il a déjà remarqué auparavant qu'elle était tachée de sang puisqu'il a deviné *« sans peine tout ce qui s'était passé »*. Le groupe de mots *« l'ayant considérée »* visualise par conséquent de manière insistante la dissimulation de la Barbe-Bleue et rappelle l'art de Louis XIV *« de composer son visage »*.

C – Le despotisme

Le despotisme du monarque a d'abord été visible de ses contemporains par l'égoïsme qu'il avait et qui imposa la même vie épuisante à sa famille, à ses maîtresses et à toute la Cour, *« son amie La Vallière dut accoucher clandestinement dans une fête à Vincennes en 1666 et paraître au bal ; Mme de Maintenon gémit des épreuves imposées par l'esclavage de la vie de Cour »*.[22]

[22] Hubert Méthivier, *Le siècle de Louis XIV*, PUF, 1998, page 29.

Cet égoïsme le conduit au despotisme le plus personnel, le plus sec et le plus dur qui éclate dans des billets au fidèle Colbert, *« ne hasardez plus de me fâcher encore (...) »* Ou bien : *« Je connais l'état de mes affaires (...) Je vous l'ordonne et vous l'exécuterez ».*[23] Ce type d'expressions fréquemment employé par Louis XIV fait penser aux phrases prononcées par la Barbe-Bleue, *« (...) je vous le défends de telle sorte que s'il vous arrive de l'ouvrir, il n'y a rien que vous ne deviez attendre de ma colère ».*

Ce même despotisme repris par Charles Perrault, l'auteur nous le démontre à travers le caractère extrême de la Barbe-Bleue qui emploie des adverbes tels que *« tout »* ou *« rien ».*

En ce qui concerne l'adverbe *« tout »,* Perrault le fait prononcer quatre fois au personnage, *« (...) voilà le passe-partout de tous les appartements. » « (...) ouvrez tout, allez partout (...) ».*

De la même manière, l'adverbe *« rien »* est utilisé à plusieurs reprises, *« cela ne sert à rien, dit la Barbe-Bleue (...) »* ou encore *« vous n'en savez rien ! reprit la Barbe-Bleue ; je le sais bien, moi ».*

Dans cette dernière réplique, l'adverbe *« rien »* s'oppose au pronom personnel *« moi »* qui marque

---

[23] Hubert Méthivier, *Le siècle de Louis XIV*, PUF, 1998.

l'égocentrisme du personnage. Le *« rien »* opposé au *« moi »* signifie que le *« moi »* de la Barbe-Bleue est tout.

En plus de son comportement extrême et absolu, le despotisme de la Barbe-Bleue se manifeste aussi dans les ordres qu'il donne et qu'il limite dans le temps.

Comme le roi, l'intransigeance de la Barbe-Bleue n'attend pas, *« je vous donne un demi-quart d'heure, reprit la Barbe-Bleue ; mais pas un moment davantage ».*

Cette intransigeance qui n'attend pas se confirme dans les deux répliques qui suivent, *« descends vite ou je monterai là-haut »* et encore, *« Il faut mourir, madame... et tout à l'heure ».*

Le despotisme est aussi mis en valeur par le regard et le comportement de la femme à qui il cause l'effroi.

La femme terrifiée par l'autorité despotique de la Barbe-Bleue finit par mentir, *« sa femme fit tout ce qu'elle put pour lui témoigner qu'elle était ravie de son prompt retour ».*

Son épouse ment ; elle ne pouvait être heureuse de le revoir puisqu'elle venait de découvrir tous les crimes qu'il avait commis.

De la même manière quand il lui demande la raison du sang sur la clef, apeurée, elle feint, *« je n'en sais rien, répondit la pauvre femme, plus pâle que la mort ».*

Cette hypocrisie de l'épouse rappelle le jeu de ces femmes de cour qui se pâment à la vue d'un roi à la fois fascinant et inquiétant.

Enfin, le despotisme transparaît dans la rancune de la Barbe-Bleue qui ne pardonne pas à sa femme. Celle-ci lui implore le *« pardon... de n'avoir pas été obéissante »*, mais le despote refuse tout pardon, *« elle se jeta aux pieds de son mari en pleurant, et en lui demandant pardon, avec toutes les marques d'un vrai repentir (...) elle aurait attendri un rocher (...) mais la Barbe-Bleue avait le cœur plus dur qu'un rocher »*.

Cette rancune sans faille ne va pas sans rappeler celle de Louis XIV envers ses adversaires : en effet, le roi *« n'oublia pas les trahisons, les défaillances, ne pardonna jamais aux anciens frondeurs, à Retz, aux Parisiens qui l'avaient forcé à fuir Saint-Germain dans la nuit des Rois de 1649 »*.[24]

D – Le petit cabinet ou le cabinet de curiosités ?

« (...) c'est la clef du cabinet au bout de la grande galerie de l'appartement bas (...) ».

Le petit cabinet, lieu du secret, ne fait-il pas penser au cabinet de curiosités de Louis XIV, là où le roi examine secrètement les médailles ? L'analogie ne se situe pas sur

[24] Hubert Méthivier, *Le siècle de Louis XIV*, PUF, 1998, page 28.

un plan réel, car le petit cabinet de *la Barbe-Bleue* représente une pièce où se trouve une collection de crimes tandis que le cabinet de curiosités du roi est un meuble à tiroirs qui contient une collection de médailles.

La comparaison soulignée par Perrault se manifeste donc de manière métaphorique.

La première analogie est évoquée par l'auteur grâce au jeu de mots : le petit cabinet de la Barbe-Bleue tente les femmes par la curiosité et celui de Louis XIV se nomme *« cabinet de curiosités »*.

D'autant plus que les *« curiosités »* du roi sont des médailles onéreuses et la curiosité dont parle Perrault dans la Moralité *« coûte trop cher »*.

La seconde analogie suggérée se manifeste aussi par la description extérieure des deux cabinets : celui de la Barbe-Bleue regorge de corps de femmes *« attachées le long des murs »* et celui de Louis XIV montre des corps de femmes quasi nues suspendus le long du cabinet.

La troisième analogie posée par l'auteur concerne le sens intérieur des deux cabinets :

Par l'emploi de l'adjectif *« bas »*, *« le petit cabinet de l'appartement bas »* représente la bassesse de la Barbe-Bleue qui camoufle ses crimes dans la tyrannie.

De la même façon, le *« cabinet de curiosités »* dénonce l'orgueil de Louis XIV qui collectionne des médailles pour immortaliser son règne. Un orgueil d'autant plus bas lorsqu'on apprend que ces médailles sont en partie fournies par une famille de grands tyrans : le grand-duc Cosme III de Médicis qui avait pour médailleur italien Massimiliano Soldani-Benzi.

La quatrième analogie est dans l'invisible qui trône autour de ces deux objets :

Dans les maisons de campagne de la Barbe-Bleue, tous les invités parcourent *« les chambres, les cabinets, les garde-robes… »* sans voir, ni même soupçonner l'existence de ce petit cabinet.

Tout le monde circule autour de ce petit cabinet situé *« au bout de la grande galerie »,* mais subjugué par les richesses de la Barbe-Bleue *« toutes plus belles les unes que les autres »,* personne n'entrevoit les crimes cachés de ce terrible personnage.

Aussi à Versailles, dans la grande galerie, *« l'on pénètre et circule comme on veut ».*[25]

Le monde de la cour aurait pu déceler les crimes enfouis de Louis XIV, quant à l'affaire des poisons.

Et pourtant personne n'a rien vu ou n'a rien dit.

---

[25] Hubert Méthivier, *Le siècle de Louis XIV*, PUF, 1998, page 35.

Fascinés par les splendeurs des appartements qui entourent ce *« cabinet de curiosités »*, qui lui-même matérialise l'immortalité de Louis XIV, les hommes et femmes de cour n'ont pu comprendre ni dénoncer l'implication du Roi-Soleil dans les crimes de Madame de Montespan.

Dans le « cabinet de curiosités », Louis XIV ne se contente pas d'amasser les médailles des autres souverains. Pour solenniser tous les moments de son règne, il en fait frapper un grand nombre à son effigie.

Dans ce « cabinet de curiosités », les médailles éblouissent par leur profusion.

Cependant, aveuglé par tant d'éclats, aucun n'a vu le revers de la médaille.

Louis XIV et la Barbe-Bleue sont le même homme, d'une même médaille et dont l'absolutisme inquiétant et fascinant s'exprime « au nez et à la barbe » de ses sujets.

Conclusion : La fin du règne ou le jugement dernier

Si *le Petit Chaperon rouge* marque le début du règne de Louis XIV par la mort de la petite fille qui représente la fin du ministériat, le conte de *La Barbe-Bleue* prévient sur la fin proche de l'absolutisme.

La seconde moralité est là pour l'annoncer, *« on voit bientôt que cette histoire*
Est un conte du temps passé.
Il n'est plus d'époux si terrible,
Ni qui demande l'impossible,
Fût-il mécontent et jaloux.
Près de sa femme on le voit filer doux ;
Et, de quelque couleur que sa barbe puisse être,
On a peine à juger qui des deux est le maître ».

Lorsque Perrault écrit le conte de *La Barbe-Bleue*, Louis XIV n'est pas mort et son règne est encore puissant, mais les esprits commencent à se lasser de *« l'orgueilleux égoïsme du monarque »* .[26]

---

[26] Hubert Méthivier, *Le siècle de Louis XIV*, PUF, 1998, page 121.

En 1697, au moment où Perrault compose « *les contes de ma mère l'oye* », « *un vent de liberté soufflait dans tous les domaines, contre toutes les "règles", et l'opinion lassée aspirait aux "nouveautés"* ».[27]

Cette liberté recherchée par un grand nombre de contemporains éloigne les esprits de l'absolutisme royal dénoncé dans *La Barbe-Bleue* où l'auteur finit par écrire,
« *il n'est plus d'époux si terrible,*
Ni qui demande l'impossible (...) ».

En annonçant la fin de la tyrannie des maris, Charles Perrault avertit sur la fin prochaine du règne de Louis XIV qui malgré le fait de s'être dit « *roi très chrétien* » n'a pas pour autant tari en despotisme.

Cette défaite du roi, Perrault la marque par la mort physique de la Barbe-Bleue tué par deux cavaliers, « *l'un dragon et l'autre mousquetaire* » qui représentent le monde militaire de la justice, « *(...) les deux frères le poursuivirent de si près qu'ils l'attrapèrent avant qu'il pût gagner le perron. Ils lui passèrent leur épée au travers du corps, et le laissèrent mort* ».

Le message de Perrault est optimiste, car il démontre que c'est la justice qui triomphe de la tyrannie rendant ainsi à la France son identité libre. Cependant, cette

---

27 Hubert Méthivier, *Le siècle de Louis XIV*, PUF, 1998, page 122.

justice n'est pas seulement celle des hommes. Très impliqué dans le christianisme, l'auteur ne pouvait qu'évoquer la justice de Dieu.

En effet, la mort inattendue de la Barbe-Bleue se rapproche davantage d'un miracle qui rappelle la justice divine, *« dans ce moment, on heurta si fort à la porte que la Barbe-Bleue s'arrêta tout court. On l'ouvrit, et aussitôt on vit entrer deux cavaliers, qui, mettant l'épée à la main, coururent droit à la Barbe-Bleue »*.

L'apparition subite des deux frères est heureuse et se présente comme un prodige aux yeux du spectateur qui entend dire auparavant *« Dieu soit loué ! »*.

La Barbe-Bleue comme Louis XIV subiront le jugement dernier et ce que Molière a dénoncé dans *Dom Juan* à ce sujet, Charles Perrault l'a traité en quelques pages.

Le jugement dernier attend tous les hommes et même les rois n'y échappent pas. À ce degré, *La Barbe-Bleue* est un conte policier en gigogne encore très moderne qui apprend que *« cela ne sert à rien »* comme dirait le personnage lui-même de se prendre pour un roi.

Dénouement

Elle se maria elle-même à un fort honnête homme, qui lui fit oublier le mauvais temps qu'elle avait passé avec la Barbe-Bleue.

Charles Perrault
(1628-1703)

Table des matières

Imprimé en Allemagne
Achevé d'imprimer en novembre 2023
Dépôt légal : novembre 2023

Pour

Le Lys Bleu Éditions
40, rue du Louvre
75001 Paris

www.ingramcontent.com/pod-product-compliance
Lightning Source LLC
Chambersburg PA
CBHW062345010826
49168CB00024B/261
9791042213978